Thomas Mayerhöfer

After-Sales-Services. Prozessübersicht und Mengengerüst anhand einer Musterfallstudie

GRIN Verlag

**Bibliografische Information der Deutschen Nationalbibliothek:**

Die Deutsche Bibliothek verzeichnet diese Publikation in der Deutschen National-
bibliografie; detaillierte bibliografische Daten sind im Internet über http://dnb.d-
nb.de/ abrufbar.

**Impressum:**

Copyright © 2014 GRIN Verlag GmbH
Druck und Bindung: Books on Demand GmbH, Norderstedt Germany
ISBN: 978-3-656-74149-7

**Dieses Buch bei GRIN:**

http://www.grin.com/de/e-book/279130/after-sales-services-prozessuebersicht-und-
mengengeruest-anhand-einer

# After-Sales-Services der SPEEDSTEEL AG
# - Prozessübersicht und Mengengerüst-

Betreuer: Marco Meisen

Modul: ANS02

Thomas Mayerhöfer

27. Februar 2014

# Inhaltsverzeichnis

# 1 Einleitung

In sämtlichen Bereichen der Wirtschaft ist es immer wichtiger, die bestehenden Kunden- und Beziehungspotentiale besser zu nutzen und die Kundenzufriedenheit auch nach Vertragsabschluss auf hohem Niveau zu halten. Vor allem im Maschinen- und Anlagenbau wurde die Kundenbetreuung nach Vertragsabschluss oftmals vernachlässigt bzw. lokalen Allroundern überlassen. In der Zwischenzeit haben sich die sogenannten After-Sales-Services jedoch zu einer wichtigen Geschäftsaktivität entwickelt[1].

Den Ausgangspunkt dieser Arbeit stellt eine Musterfallstudie dar, die im Rahmen des Moduls ANS02 durchgeführt wird. Aus dieser Studie soll für das im Maschinen- und Anlagenbau tätige, fiktive Unternehmen SPEEDSTEEL AG eine Prozessbeschreibung sowie ein entsprechendes Mengengerüst für den Bereich der After-Sales-Services erstellt werden. Diese Informationen stellen einen Teilbereich des Pflichtenhefts dar, mit dem die SPEEDSTEEL AG in die Ausschreibungsphase für die Auswahl eines ERP-Systems geht.

Um diese Anforderungen zu eruieren, wird in *Kapitel 2* zunächst erläutert, was unter dem Begriff *After-Sales* im Allgemeinen zu verstehen ist und welche Zielsetzungen Unternehmen mit dem Angebot von After-Sales-Services verfolgen. Nach der Beschreibung der Teilbereiche, in welche sich After-Sales-Services im Allgemeinen gliedern, wird auf die Notwendigkeit speziell im Anlagen- und Maschinenbau eingegangen. Im Folgenden werden in *Kapitel 3* die Rahmendaten der SPEEDSTEEL AG erörtert und gleichzeitig geklärt, welche Ressourcen für die Abwicklung der After-Sales-Services notwendig sind. Schließlich resultiert daraus eine auf für die SPEEDSTEEL AG angepasste Prozessübersicht in Kapitel 3.3, aus der die Zusammenhänge zwischen den jeweiligen Tätigkeiten und den dafür nötigen Ressourcen ersichtlich werden. Diese Prozessbeschreibungen sind in der Regel aufgrund der zahlreichen und ineinandergreifenden Prozessschritte nicht trivial. Aufgrund des begrenzten Umfangs dieser Arbeit wird sich in der abschließenden Prozessbeschrei-

---

[1] vgl. Baumbach 2004, S. 1

bung auf den Teil der After-Sales-Services beschränkt, der den größten Anteil bei der SPEEDSTEEL AG ausmacht: Den Wartungs-, Reparatur- und Ersatzteilservice.

Als Recherchequellen dienten vor allem Fachbücher, die sich mit den Themen After-Sales im Allgemeinen aber auch speziell deren Abwicklung mit ERP-Systemen beschäftigten. Ein paar wenige Fachbuch- und Internetquellen behandelten auch speziell die After-Sales-Services im Maschinen- und Anlagenbau. Zahlreiche Quellen, die sich mit ERP-Systemen beschäftigen, sind stark von SAP geprägt, was sich auch in dieser Arbeit wiederspiegelt.

## 2 After Sales

### 2.1 Definition und Zielsetzung

Ganz allgemein versteht man unter dem Begriff „After-Sales" diejenigen Dienstleistungen, die nach dem Verkauf eines Produktes in materieller oder immaterieller Weise geleistet werden. In zahlreichen Bereichen der Industrie ist durch die Homogenität der Produkte oftmals nur noch die Profilierung über die Kundendienst- und Servicepolitik möglich. Die Begriffe After-Sales-Service und Kundendienst werden im Folgenden gemäß dem allgemeinen Sprachgebrauch synonym verwendet. Der After-Sales Service ist mittlerweile ein wichtiges Absatzinstrument um die mittel- und langfristige Kundenbindung zu gewährleisten[2]. After-Sales umfasst somit alle potentiellen und tatsächlichen Teilleistungen, die den Gebrauchsnutzen einer verkauften Marktleistung sicherstellen, wiederherstellen oder erhöhen[3].

### 2.2 Teilbereiche

Es sind vor allem folgende vier Teilbereiche, die im Kundendienstsektor eine Rolle spielen[4]:

#### 2.2.1 Produktbeschreibungen

Beschreibungen sowie Anleitungen sind zum Zeitpunkt der Anwendung eines Produktes oftmals das einzige Kommunikationsmittel zwischen Hersteller und Anwen-

---

[2] vgl. Pepels und Blümelhuber 2007, S. 191
[3] vgl. Baumbach 1998, S. 22
[4] vgl. Mertens 2013, S. 272–282

der. Je mehr die Komplexität einer Anwendung steigt, desto mehr wird der Kunde auf diese Unterstützung Wert legen[5]. Vor allem bei komplexen Produkten und Anwendungen können die Pflege und Übergabe von Produktbeschreibungen sowie Bedienungs- und Wartungshandbüchern erhebliche Schwierigkeiten bereiten. Es wird beispielsweise angenommen, dass die technische Dokumentation eines Großraumflugzeugs in Papierform aufgrund ihres Umfangs nicht vom gleichen Flugzeug transportiert werden könnte[6]. Insofern ist es als Unternehmen wichtig, die Pflege von Produktbeschreibungen rechtzeitig zu planen und als laufenden Prozess zu sehen um eine reibungslose Nachkundenbetreuung gewährleisten zu können.

### 2.2.2 Bearbeitung von Reklamationen und Kundenanliegen

Bei der Reklamation von Mängeln oder der Erteilung von Reparaturaufträgen entsteht oft eine kritische Situation. Die weitere Kundenzufriedenheit und somit auch eine eventuell anstehende Nachkaufentscheidung hängt stark davon ab, wie schnell, zuverlässig und kompetent ein Problem bearbeitet werden kann. Um dies sicherzustellen ist eine zuverlässige Unterstützung durch Informationssysteme notwendig[7].
Wie schnell auf ein Kundenproblem reagiert wird bzw. in welchen Zeitrahmen es gelöst werden muss, hängt unter anderem davon ab, welche Serviceverträge bzw. *Service-Level-Agreements (SLAs)* mit dem Kunden vereinbart sind. Ein *Service-Level-Agreement* ist ein rechtskräftiges Dokument, welches die Definition der zu erbringenden Leistungen, Verantwortlichkeiten, Qualitäten und spezifischen Rahmenbedingungen ebenso umfasst wie die Definition von Sanktionsinstrumentarien falls die definierten Leistungsstandards nicht eingehalten werden[8].

### 2.2.3 Unterstützung des Service- und Reparaturdienstes

Ein weiterer wichtiger Punkt im Kundendienstsektor ist die Unterstützung des Service- und Reparaturdienstes. Ziel soll sein, den jeweiligen Servicetechniker im technischen Außendienst zu entlasten, indem ein Vertriebsaußendienstmitarbeiter oder ein Mitarbeiter in einer Hotline als direkter Ansprechpartner des Kunden fungiert. Dieser

---

[5] vgl. Ferlein und Hartge 2008, S. 2
[6] vgl. Mertens 2013, S. 272
[7] vgl. Mertens 2013, S. 274
[8] vgl. Hodel et al. 2006, S. 97

kann bei Bedarf noch während des ersten Kundenkontakts festlegen, welcher Servicetechniker zu welchem Zeitpunkt beim Kunden vor Ort sein kann[9].

Eine wichtige Voraussetzung für die schnelle Diagnose des Problems ist der Zugriff auf eine umfangreiche Wissensdatenbank. Kaum ein Unternehmen kommt noch daran vorbei, das in der Organisation vorhandene Wissen zu sammeln, zu analysieren und zu strukturieren um es dann wieder aufbereitet den notwendigen Instanzen zur Verfügung zu stellen[10].

### 2.2.4 _Entsorgung_

Wenn man den Bereich der After-Sales-Services gesamthaft betrachten möchte, darf auch der Bereich der Entsorgung nicht fehlen. Entsorgung bedeutet, dass die Produkte die dem Kunden verkauft wurden, am Ende ihrer Lebensdauer wieder beseitigt werden[11]. Die Entsorgung bildet somit das Schlussglied der Wertschöpfungskette. Der Außendienstmitarbeiter transportiert die Anlage ab bzw. zerlegt diese vor Ort. Hier gilt es, nicht nur technische, sondern auch ökonomische Gesichtspunkte zu beachten. Anhand von Demontage- und Stücklisten muss entschieden werden, welche Bauteile und Verbindungen auf welche Weise entsorgt werden, um möglichst ökonomisch und wirtschaftlich zu handeln. Gegebenenfalls können auch einige Teile als Austauschersatzteile wiederverwendet werden.[12]

Um die Komplexität einer integrierten Entsorgungssicherung aufzuzeigen, werden in _Abbildung 1_ exemplarisch die Zusammenhänge zwischen den beteiligten Abteilungen dargestellt.

### 2.3 _After-Sales im Maschinen- und Anlagebau_

Viele Maschinen- und Anlagenbauer handelten in der Vergangenheit sachleistungs- und einzeltransaktionsorientiert. Der Verkauf der Primärprodukte stand im Vordergrund, wohingegen der Kundendienstsektor „nebenbei" abgewickelt wurde[13].

In der heutigen Zeit kann sich dies kaum noch ein in diesem Bereich tätiges Unternehmen leisten.

---

[9] vgl. Mertens 2013, S. 276–277
[10] vgl. S@PPRT 2013, S. 22–23
[11] vgl. Mertens 2013, S. 280
[12] vgl. Mertens 2013, S. 281–282
[13] vgl. Baumbach 1998, S. 1

Die Welt wird kleiner, die Märkte transparenter und somit der Wettbewerb härter. Vor allem im unteren und mittleren Technologiesegment können mittlerweile auch Anbieter aus Niedriglohnländern ihre Kostenvorteile nutzen um erfolgreiche Konstruktionen nachzuempfinden und somit durchaus einsetzbare Maschinen zu einem sehr attraktiven Preis- Leistungsverhältnis anzubieten. Unternehmen benötigen deshalb einen profitablen After-Sales-Service um ihre Existenz zu sichern[14].

Aktuelle Untersuchungen haben gezeigt, „dass die Ertragslage bei produktbezogenen Dienstleistungen 8 bis 10 mal höher liegen kann als im Neumaschinengeschäft"[15].

Dieser Trend zeichnete sich bereits Ende der 90er Jahre ab. Bei einer Befragung von 33 potentiellen Best-Practice-Unternehmen aus dem Maschinen- und Anlagenbau gaben mehr als 58% der Befragten an, mindestens 50% des After-Sales-Umsatzes über Ersatzteile zu generieren[16] (*Abbildung 2*).

Dies zeigt deutlich, dass die After-Sales-Services auch im Anlagen- und Maschinenbau keinesfalls vernachlässigt werden dürfen.

# 3 After-Sales der SPEEDSTEEL AG

## 3.1 Rahmendaten

Die SPPEDSTEEL AG ist ein weltweit bekanntes Unternehmen aus der Aufzugs- und Rolltreppenbranche. Es unterhält über 80 Betriebsstätten in mehr als 10 Ländern und liefert pro Jahr mehr als 2600 neue Aufzüge und Rolltreppen aus. Der Wartungsumfang hingegen ist um ein Vielfaches höher: 52.000 Aufzüge und Rolltreppen werden pro Jahr gewartet. Hinzu kommen noch mehr als 80.000 automatisch betriebene Türen und Tore.

Ausgehend davon, dass für den Kunden an 7 Tagen die Woche ein Ansprechpartner zur Verfügung steht, würde dies pro Tag 150 Wartungsaufträge für Aufzüge und Rolltreppen, sowie 220 für Türen und Tore bedeuten. Man kann also pro Tag von 350 bis 400 Wartungsaufträgen weltweit ausgehen. Wenn sich diese gleichmäßig auf alle Länder verteilen, hat jede Ländervertretung täglich 35 bis 40 Aufträge abzuwickeln. Diese Zahlen zeigen deutlich, wie wichtig und existentiell der Umsatz aus

---

[14] vgl. Fitzner 2011
[15] Fitzner 2011
[16] vgl. Baumbach 1998, S. 103

Wartungs- und Reparaturaufträgen für die SPEEDSTEEL AG ist. Es ist zu erkennen, dass sich auch innerhalb der SPEEDSTEEL AG der Trend deutlich macht, einen Großteil des Umsatzes mit Ersatzteilservices zu generieren.

In *Abschnitt 2.2* sind bereits die vier Teilbereiche beschrieben, die im Allgemeinen den After-Sales-Services zuzuordnen sind. Da die SPEEDSTEEL AG keine hochkomplexen technischen Produkte vertreibt, wird im Rahmen dieser Arbeit auf eine nähere Analyse des Produktbeschreibungsprozesses verzichtet. Da die Produktbeschreibung vermutlich verhältnismäßig wenig Zeit in Anspruch nimmt, kann diese in gedruckter oder digitaler Form zusammen mit dem Primärprodukt ausgeliefert werden.

Auch das mit der Demontage und Beseitigung verbundene Aufgabenspektrum ist so vielfältig, dass eine detaillierte Beschreibung den Rahmen dieser Arbeit bei Weitem übersteigen würde. Dennoch ist dieser Bereich im Gesamtkontext der „After-Sales-Services" nicht weniger wichtig. Sicherlich trägt es vor allem beim Verkauf von großen technischen Objekten, wie Rolltreppen oder Aufzügen, enorm zu einer positiven Kaufentscheidungen des Kunden bei, wenn sich dieser nicht selbst um die Entsorgung des Altobjekts kümmern muss. Im Rahmen der Arbeit wird sich deshalb bei der Prozessbeschreibung auf das Kerngeschäft im After-Sales-Services konzentriert, nämlich die Bearbeitung von Serviceanfragen sowie die Unterstützung des Servicedienstes.

### 3.2 Prozesse und Ressourcen

Es wird davon ausgegangen, dass die SPEEDSTEEL AG seine Standorte für die Logistikzentren sowie die externen Dienstleister in den jeweiligen Ländern so ausgewählt hat, dass eine zuverlässige Versorgung und Betreuung der Kunden innerhalb der vereinbarten *Service-Level-Agreements* möglich ist. Im Folgenden gilt es also zu analysieren, welche Prozessschritte für die verbleibenden Teilbereiche der After-Sales-Services erforderlich sind.

Zwischen der Bearbeitung von Reklamationen und Kundenanliegen sowie der Unterstützung des Service- und Reparaturdienstes herrscht ein fließender Übergang. Die Prozesse dieser Teilbereiche werden durch *Servicemeldungen* bzw. *Serviceaufträge* angestoßen.

### 3.2.1 Servicemeldungen

Anhand von *Servicemeldungen* werden auftretende Kundenprobleme oder Störungen im System erfasst[17]. Diese dienen unmittelbar der Bearbeitung von Reklamationen. Bei dieser ersten Kontaktaufnahme des Kunden geht es bereits darum, den Kunden die bestmögliche Antwort für seine Anfrage oder sein Problem geben zu können[18]. Servicemeldungen beinhalten hauptsächlich folgende Informationen[19]:

* Informationen zum Kunden
* Informationen zum technischen Objekt
* Informationen zu dazugehörigen Serviceverträgen
* Informationen zu laufenden Garantien

Nach dieser Erfassung können mit Hilfe des Zugriffs auf eine Lösungsdatenbank potentielle Verknüpfungen zu ähnlichen offenen Problemen bzw. zu vergleichbaren Problemlösungen, Kundendaten oder Produktdaten hergestellt werden[20]. Auf dieser Grundlage können dann entsprechende Maßnahmen eingeleitet werden um das Problem zu beheben. Ist die Funktion des technischen Objekts wiederhergestellt, bietet eine Servicemeldung die Möglichkeit, die durchgeführten Aktionen in der Lösungsdatenbank zu erfassen[21]. Die Maßnahmen, die zur Störungs- und Problembeseitigung vorgeschlagen werden hängen u. a. auch von den vertraglich geregelten Reaktionszeiten ab, die ggf. über *SLAs* geregelt sind[22].

### 3.2.2 Serviceauftrag

Zusätzlich zu den Servicemeldungen stehen auch Serviceaufträge zur Verfügung. Diese werden dann eingesetzt, wenn konkret Zeiten und Ressourcen zur Planung und Durchführung einer Servicemaßnahme benötigt werden. Unter die Planung von solchen Maßnahmen fallen unter anderem die Ressourcenplanung von internen und externen Mitarbeitern sowie die Festlegung konkreter Ausführungstermine[23].

---

[17] vgl.Weber 2012, S. 109
[18] vgl. S@PPRT 2013, S. 23
[19] vgl. Weber 2012, S. 109
[20] vgl. Mertens 2013, S. 275
[21] vgl. Weber 2012, S. 109–110
[22] vgl. Weber 2012, S. 134
[23] vgl. Weber 2012, S. 110

In einem *Serviceauftrag* werden somit sowohl die Beschreibung des Sachverhalts als auch Kunden- und Servicedaten, Zuständigkeiten, Termine sowie das technische Bezugsobjekt hinterlegt. Wichtig in diesem Zusammenhang ist auch die Definition der Partnerrollen. Dies bedeutet, dass im Rahmen des Serviceauftrags festgelegt wird, welche Instanzen für die Bearbeitung der Servicemaßnahmen benötigt werden[24].

### 3.2.3 Tätigkeitsmeldung

Die *Tätigkeitsmeldung* dient dazu, nachträglich bereits durchgeführte Servicearbeiten zu dokumentieren. Sie wird nicht dazu verwendet um Probleme oder Defekte zu hinterlegen, sondern hat vielmehr Wartung- bzw. Inspektionscharakter um den reibungslosen Sollzustand eines technischen Objektes zu gewährleisten[25].

Aufgrund dieser Tätigkeitsmeldungen kann auch in der bereits beschriebenen Lösungsdatenbank der Lösungsweg für das gerade bearbeitete technische Problem hinterlegt werden. Dies erhöht die Aktualität der Lösungsdatenbank und kann bei gleichen oder ähnlichen Anfragen die Suche nach einer Lösung erheblich erleichtern.

## 3.3 Ausführung der Prozesse der SPEEDSTEEL AG

Nach der Erörterung, wie die jeweiligen Prozesse grundsätzlich zu initiieren sind, werden nun die Zusammenhänge der dahinter liegenden Prozesse für die SPEEDSTEEL AG betrachtet. Dies ist letztendlich auch derjenige Teil, der als Prozessbeschreibung in das Pflichtenheft eingehen wird.

*Abbildung 3* zeigt einen typischen Überblick, wie die Abwicklung des Ersatzteilservices im Anlagen- und Maschinenbau aussieht. Dieser Ablauf kommt ebenso für die SPEEDSTEEL AG in Frage.

In Anlehnung an diese Prozesskette und mit den oben erarbeiteten Informationen, können für die SPEEDSTEEL AG diejenigen Prozessschritte abgebildet werden, die bei Eingang einer Kundenanfrage bzw. bei Erfassung eines Serviceauftrags nötig sind (

*Abbildung 4* und *Abbildung 5*). Für die Bearbeitung dieser Schritte muss auf Ressourcen aus dem Vertriebsaußendienst, dem technischen Außendienst, der Konstruk-

---

[24] vgl. Weber 2012, S. 149-150
[25] vgl. Weber 2012, S. 111

tion, den Disponent in der Logistik, die Produktionsplanung sowie die Buchhaltung zurückgegriffen werden[26].

Zunächst meldet sich ein Kunde bei dem für ihn zuständigen Mitarbeiter aus dem Vertriebsaußendienst oder bei einer Servicehotline. Der dortige Ansprechpartner erfasst in diesem Zuge eine Servicemeldung. Mit Hilfe der gesammelten Informationen kann der Außendienstmitarbeiter auf eine umfangreiche Lösungsdatenbank zurückgreifen. Falls bereits ähnliche oder gleiche Probleme bei anderen Kunden aufgetreten sind, wäre dies dort ebenso ersichtlich wie die dazugehörige Lösung um den Ursprungszustand des Objektes wiederherstellen zu können. Im Idealfall kann das Problem bereits telefonisch geklärt werden. In diesem Fall wird auch für den aktuellen Serviceauftrag die Lösung in der zentralen Lösungsdatenbank hinterlegt. Kann das Problem nicht direkt beim ersten Kundenkontakt gelöst werden, wird ein entsprechender Serviceauftrag erfasst (

*Abbildung* 4). Bei diesem Schritt ist dementsprechend seitens der SPEEDSTEEL AG lediglich der direkte Ansprechpartner des Kunden (Hotline- oder Außendienstmitarbeiter) involviert.

In *Abbildung 5* sind diejenigen Prozessschritte aufgezeigt, die bei Erstellung und Abwicklung eines Serviceauftrages nötig sein können. Beim Anlegen eines Serviceauftrages sind zunächst zwei Fälle zu unterscheiden. Im ersten möglichen Fall weiß entweder der Kunde bereits welches Ersatzteil er benötigt oder das notwendige Austauschmodul wurde bereits beim Anlegen der Serviceanfrage mit Hilfe der Lösungsdatenbank identifiziert. In diesem Fall kann direkt eine Bestellung an das nächstgelegene Logistikzentrum, welches das Ersatzteil auf Lager hat, ausgelöst werden. In diesem Falle würde nun der Disponent in der Logistik, der den Versand veranlasst tätig werden.

Sollte jedoch noch nicht klar sein, welches Ersatzteil benötigt wird, muss zunächst der technische Außendienst (Servicetechniker) beauftragt werden, beim Kunden vor Ort eine Fehleranalyse durchzuführen. Auch hier wird direkt durch den Vertriebsaußendienst bzw. den Mitarbeiter der Hotline die Verfügbarkeit des technischen Außendienstes geprüft und ein fester Termin vereinbart. Der Zeitraum innerhalb dessen der Servicetechniker vor Ort sein muss, hängt wiederrum von den in den Servicever-

---

[26] vgl. Mertens 2013, S. 276

trägen vereinbarten Reaktionszeiten ab. Mit Sicherheit werden die Reaktionszeiten beim Ausfall einer Rolltreppe länger sein dürfen , als beim Ausfall eines Aufzuges, da dort sicherlich die Befreiung der möglicherweise eingeschlossenen Personen höchste Priorität hat. Aufgrund einer Grundausstattung an Verschleißteilen hat der Servicetechniker evtl. bereits beim ersten vor-Ort-Termin die Möglichkeit eine Reparatur durchzuführen. Ist dies nicht der Fall, veranlasst dieser noch vor Ort (über Tablet oder Notebook) die bereits oben beschriebene Ersatzteilbestellung.

Je nachdem, ob der Kunde sein Ersatzteil selbst austauscht oder nicht, wird das Ersatzteil an den Kunden versandt oder an den Servicetechniker. In diesem Fall kann der entsprechende Techniker beim ersten Termin einen Folgetermin mit den Kunden vereinbaren. Die Terminbestätigung kann ebenfalls gleich vor Ort erfolgen. Auch hier ist es wichtig, nach Einbau des Ersatzteils in der Lösungsdatenbank die Problemursache zu dokumentieren um für zukünftige Anfragen eine noch schnellere Reklamationsabwicklung zu ermöglichen.

Wie *Abbildung 3* verdeutlicht, sind im Nachgang noch Ressourcen aus der Buchhaltung nötig, welche die Zahlungsabwicklung überwachen oder im Falle von Garantiefällen die entsprechenden Rückstellung bilden.

# 4 Kritische Betrachtung und Fazit

Nach der allgemeinen Beschreibung von After-Sales-Services und der Erarbeitung deren Bedeutung für den Anlagen- und Maschinenbau ist deutlich geworden, wie wichtig der Kundendienstsektor in diesem Bereich geworden ist. Mittlerweile haben viele Maschinen- und Anlagebauer die Bedeutung des After-Sales-Services zur Erschließung wichtiger Nutzenpotentiale erkannt[27].

Aus diesem Grund ist es sicherlich der richtige Ansatz der SPEEDSTEEL AG, den Bereich der After-Sales-Services in das neu einzuführende ERP-System zu integrieren. Dies ist ein wichtiger Schritt um die Zukunfts- und Konkurrenzfähigkeit des Unternehmens zu sichern. Aus der im Rahmen dieser Arbeit durchgeführten Analyse und der daraus resultierenden Prozessübersicht sind nun die Prozesse aufgezeichnet die im Zuge der Ausschreibung in das Pflichtenheft einfließen können.

---

[27] Baumbach 2004, S. 231

Um nach der Einführung eines integrierten Informationssystem ein IT-System zur Verfügung zu haben, das einen Großteil der Bedürfnisse abdeckt ist es wichtig, sämtliche Geschäftsprozesse im Vorfeld detailliert zu analysieren. Nur durch ein aussagekräftiges Pflichtenheft kann eine erfolgreiche Umsetzung erfolgen.

Sehr schnell habe ich beim Erarbeiten der Prozesse gemerkt, dass der Rahmen dieser Arbeit zu knapp ist um alle Prozesse im Bereich der After-Sales-Services ausführlich zu beschreiben. Auch die Beschränkung auf die Reklamations- und Serviceannahme sowie den Ersatzteilservice beschreibt nur einen kleinen Teil dessen, was letztendlich im Pflichtenheft erscheinen sollte. Somit bietet diese Arbeit sicherlich eine gute Grundlage um die Kernprozesse im Pflichtenheft abzubilden. Jedoch sollten die Bereiche der Produktpflege und Produktentsorgung nicht außer Acht gelassen werden Selbst wenn diese Themen aktuell nicht wichtig erscheinen, sollte bei der Neukonzeption eines integrierten Informationssystems berücksichtigen, dass diese Themen in Zukunft einen höheren Stellenwert einnehmen könnten.

# 5 Abbildungsverzeichnis

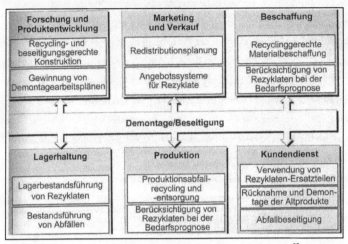

Abbildung 1: Aufgabengebiete einer integrierten Entsorgungssicherung[28]

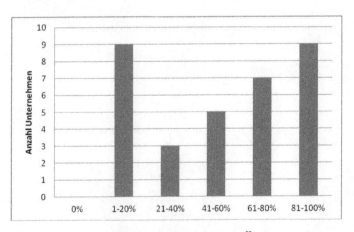

Abbildung 2: Anteil der Ersatzteile am After-Sales-Umsatz[29]

---

[28] Mertens 2013, S. 281
[29] in Anlehnung an: Baumbach 1998, S. 104

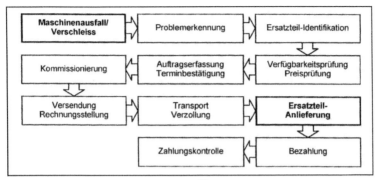

Abbildung 3: Prozesskette im Ersatzteil-Service[30]

---

[30] Baumbach 2004, S. 127

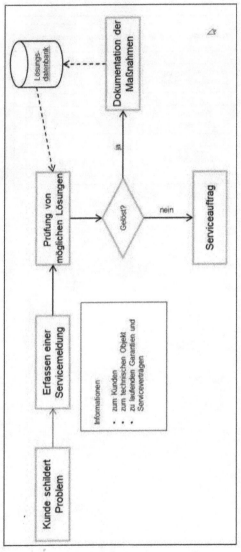

Abbildung 4: Bearbeitung einer Kundenanfrage[31]

---

[31] in Anlehnung an: Baumbach 2004, S. 127 und Weber 2012, S. 109–110

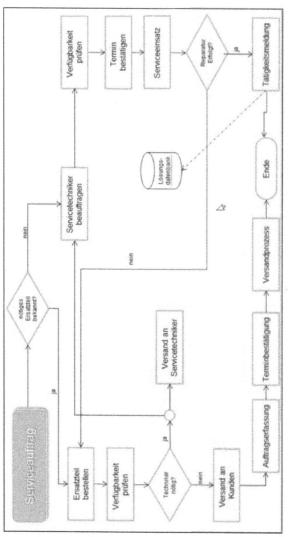

Abbildung 5: Bearbeitung eines Serviceauftrages[32]

---

[32] in Anlehnung an: Baumbach 2004, S. 127und Weber 2012, S. 141–142

# 6 Literaturverzeichnis

**Baumbach, Michael** (1998): After-Sales-Management im Maschinen- und Anlagenbau. Univ, Regensburg, St. Gallen.

**Baumbach, Michael** (2004): After-Sales-Management im Maschinen- und Anlagenbau. Univ, Regensburg, St. Gallen.

**Ferlein, Jörg; Hartge, Nicole** (2008): Technische Dokumentation für internationale Märkte. Haftungsrechtliche Grundlagen - Sprache - Gestaltung - Redaktion und Übersetzung. Renningen: expert-Verl (Kontakt & Studium, 679).

**Fitzner, Matthias** (2011): Management & People Skills. Maschinenbau: Bieten Sie Ihren Kunden einen professionellen After Sales Service! URL: http://www.unternehmer.de/management-people-skills/110980-bieten-sie-ihren-kunden-einen-professionellen-after-sales-service, Abruf vom 16.02.2014.

**Hodel, Marcus; Berger, Alexander; Risi, Peter** (2006): Outsourcing realisieren. 2. Aufl. s.l: Vieweg.

**Mertens, Peter** (2013): Operative Systeme in der Industrie. 18., überarb. und aktualisierte Aufl. Wiesbaden: Springer-Gabler (Lehrbuch, ; 1).

**Pepels, Werner; Blümelhuber, Christian** (Hg.) (2007): After Sales Service. Geschäftsbeziehungen profitabel gestalten. 2., überarb. u. erw. Aufl. Düsseldorf: Symposion Publ. GmbH. URL: http://deposit.d-nb.de/cgi-bin/dokserv?id=2933801&prov=M&dok_var=1&dok_ext=htm.

**S@PPRT, o. V.** (2013): Mehr Flexibilität und Intelligenz für die Kundenbetreuungssoftware. Verbesserung der Serviceerfahrung mit "SAP CRM". In: *S@PPRT* (Ausgabe 1-2) 2013, S. 22–33.

**Weber, Sabine** (2012): Praxishandbuch Kundenservice mit SAP. [Erfolgreiche Serviceabwicklung mit CS ; Organisationseinheiten, Stammdaten, Funktionen und Prozesse ; Zusammenspiel mit Vertrieb, Materialwirtschaft, Produktion, Finanzwesen und Controlling]. 1. Aufl. Bonn: Galileo Press (SAP PRESS).